KB000604

유전자란 무엇인가?

QU'EST-CE QU'UN GÈNE?
by Charles Auffray

민음 바칼로레아 015

유전자란 무엇인가?

샤를 오프레 ㅣ 홍영남 감수 ㅣ 김희경 옮김

민음in

차례

질문 : 유전자란 무엇인가?

　최근 30년 동안 유전학*은 우리 주변에서 자주 입에 오르내리는 주제가 되었다. 가령, 유전자 검사는 재판이나 범죄 수사에서 범행의 증거 자료로 쓰이는 등 갈수록 그 역할이 커지고 있다. 범죄 현장에서 검출한 DNA를 대상으로 실시하는 유전자 검사는 범인이 범죄 현장에 있었다는 사실은 물론이고 때때로 범인이 누구인지도 밝혀 주기 때문이다. 실제로 유전자 검사는 볼셰비키가 학살한 러시아 황가의 생존자를 확인하는 데

・・・・

유전학　생물의 유전적 형질들이 자손에게 전해지는 것을 과학적으로 연구하는 학문.

에도 이용되었다. 러시아 혁명 당시, 러시아 제국의 마지막 황제였던 니콜라이 2세와 그의 일가가 처형당할 때 니콜라이 2세의 막내딸인 아나스타샤 공주가 함께 처형당했는지가 확실하지 않아서 이를 둘러싸고 끊임없이 의혹이 나돌았다. 유전자 검사는 이 풀리지 않던 의문을 단숨에 잠재우는 역할을 했다. 자신이 아나스타샤 공주라고 주장하는 여성들의 DNA를 검사한 결과 모두 거짓으로 판명된 것이다.

생명 공학이 발달하고 유전자 검사가 보편화하자 각국은 유전자 검사와 그 결과로 인해 발생하는 사회적 폐단을 막기 위해 고심하고 있다. 유전자 검사의 임상적 유용성과 폐해를 일목요연하게 검증할 수 있는 충분한 지침이 마련되지 않은 상태이기 때문이다.

그런데 벌써 세계 도처에서는 유전적 특성 때문에 비싼 보험료를 내도록 강요당하거나 건강 보험 가입이나 취업을 거부당하는 일이 벌어지고 있다. 이를 막기 위한 대책이 시급하다.

미국은 주별로 '유전자 정보 보호법'을 발효해 개인의 유전자 정보에 근거해 보험 가입이나 취업 등에서 차별하지 못하도록 했다. 또 미국 연방 수사국(FBI)과 미국 혈액 은행 협회는 유전자 검사 업체의 숙련도와 검사 방법 등에 대한 인증제를 만들어 잘못된 유전자 검사를 막고 있다.

프랑스에서는 개인의 유전자 정보를 의학적 목적이나 법률적 목적에서만 사용할 수 있으며, 사용 대상도 엄격히 제한하고 있다. 또한 고용주나 보험업자가 개인의 유전적 특징을 차별에 이용하지 못하도록 유전자 정보 사용을 금지하고 있다. 이러한 법적 제한은 1994년 프랑스 의회에서 가결하고 최근 개정 논의에 들어간 '생명 윤리법' 관련 공청회에서 많은 사람들의 두려움을 진정시켰다.

  그러나 유전자 변형 생물체(즉 GMO)를 둘러싼 논의는 조금 사정이 다르다. 전 세계에서 시민들과 전문가들이 모여서 여러 차례 토론을 했지만 합의를 이끌어 내지 못하고 있다. 무해하니 먹이 사슬에 도입해야 한다는 사람들도 있고, 문제가 될 수 있다면서 유전자 변형 작물의 재배지에 집결하여 작물을 베어 내려는 사람들도 있다.

  프랑스에서는 텔레톤을 통해 해마다 수백 명씩 유전병과

  ● ● ●

  생명 윤리법 한국에서노 과학계와 송교계 간의 심각한 논쟁 끝에 2005년 「생명 윤리 및 안전에 관한 법률(생명 윤리법)」이 발효되었다. 인간 배아 복제 연구에 대한 규제 기준을 정하고, 개인의 유전 정보를 보호하며, 근거 없는 유전자 검사를 상업적으로 이용하지 못하도록 제한하고, 유전자 검사 기관의 정확도를 관리하는 장치를 마련한 것이다.
  유전자 변형 생물체 유전자를 변형해 생산한 농산물 등을 말한다.

싸우는 모습이 방영된다. 이 프로그램은 일반인들이 유전 문제에 관심을 갖게 함으로써 유전자 연구 발전에 기여하고 있다.

　최근 끝난 인간 유전체 프로젝트*에 고무되어 유전자 관련 연구는 해가 갈수록 빠르게 발전하고 있다. 전 세계의 생명 과학자들이 참여했던 이 프로젝트는 우주를 정복하려는 야심찬 계획이었던 아폴로 프로젝트에 비견되는 엄청난 사업이었다. 인간 유전체 프로젝트를 가장 적극적으로 옹호했던 사람들은 이 프로젝트가 인간의 생물학적 신원을 밝혀 주었을 뿐만 아니라 앞으로 온갖 질병에 대한 새로운 치료의 길을 급속도로 앞당겨 줄 것이라고 기대한다.

　사실 20년도 안 되는 기간 동안 인간을 포함한 많은 생물들의 유전체 구조가 밝혀졌다. 게다가 근육병*과 낭포성 섬유증,*

●　●　●　●

텔레톤 텔레비전과 마라톤의 합성어. 텔레비전 생방송으로 광고 삽입 없이 마라톤처럼 길게 계속되는 이웃 돕기 프로그램.
인간 유전체 프로젝트 미국의 주도 아래 유럽, 일본 등이 참여해 인간의 유전자 지도 및 염기 서열을 밝히기 위한 연구 계획. 1990년에 시작해 예정보다 2년 빠른 2003년 4월에 끝났다.
근육병 근육의 힘이 점점 약해져서 결국 신체 장애를 가져오는 만성 진행성 질병.
낭포성 섬유증 백인에게서 흔히 나타나는 치명적인 유전 질환. 체내에 점액이 과다 생산되어 폐와 이자에 이상이 생김으로써 소화 효소가 작은창자에 도달할 수 없게 되는 질병.

이상 혈색소증˙ 등 유전병의 원인이 되는 유전자 돌연변이가 수백 개나 확인되었다.

그러자 병이 나타나기 전, 즉 태어나기 전이나 임신 전에 유전자를 검사하여, 그러한 질병이 나타나지 않도록 적절한 예방 조치를 해야 한다고 주장하는 사람이 나타났다. 이런 주장에 동의하든 말든 간에 이미 치료 목적의 유전자 복제 방법(착상 전 유전 진단법˙)은 인간에게 시술되기 시작하였다.

요즘 우리는 대중 매체를 통해 아주 빈번하게 정신 분열증, 동성애, 비만, 알코올 중독 등과 관련된 유전자를 발견했다는 소식을 듣고 있다. 어쩌면 조만간 수사관들이 그토록이나 오랫동안 꿈꾸어 왔던 범죄 유전자가 밝혀질지도 모른다.

사실 인터넷 등을 돌아다니다 수없이 마주치게 되는 '무슨무슨 유전자'라는 표현은 끊임없이 우리 호기심을 자극한다.

• • • •

이상 혈색소증 헤모글로빈 분자 배열에 이상이 생긴 비정상적 헤모글로빈이 형성되어 발생하는 유전성 질환.
착상 전 유전 진단법 인공 수정한 수정란을 강제로 분할하여 유전자 검사를 한 후 건강한 유전자를 가진 배아만 분리해 자궁에 착상하여 아기를 낳도록 만드는 유전병 치료법. 이에 대해 자세하게 알고 싶다면 이 시리즈에 속한 『복제는 정말로 비윤리적인가?』를 참고하라.

신문 기사, 소설, 과학 논문 등 수없이 다양한 곳에서 우리는 포식 유전자, 장수 유전자, 교육 유전자, 사교 유전자, 창조 유전자, 매력 유전자, 폭력 유전자, 자살 유전자, 고혈압 유전자, 수학 유전자, 예술 유전자 등에 대한 정보를 얻을 수 있다.

이러한 정보 과잉은 우리를 당황하게 만든다. 아주 단순한 생물학적 특성에서부터 고도로 복잡한 사회 문화적 행동까지 유전자가 모든 것의 원인임을 암시하기 때문이다. 즉 유전자가 인간의 모든 형태를 포함하여 생리 활동이나 병까지도 지배한다는 것이다. 그렇다고 한다면 슬그머니 이런 의문이 떠오르기 시작한다.

이렇게 다양한 작용을 하는데도 이들을 모두 유전자라고 불러도 좋을까? 그렇다면 도대체 유전자란 무엇일까? 그 이면에는 무엇이 숨어 있을까? 유전자에 생명 작용의 거의 모든 걸 떠맡기는 것이 정당한가? 유전자 정보의 주인은 누구인가? 유전자 변형 식품을 만들기 위하여 유전자를 조작할 권리가 누구한테 있는가? 유전자 변형 식품은 건강과 환경에 위험하지 않은가?

이 책에서는 실례를 들어 가면서 이러한 궁금증을 하나하나 풀어 볼 것이다.

1

유전학은
어떻게 탄생했을까?

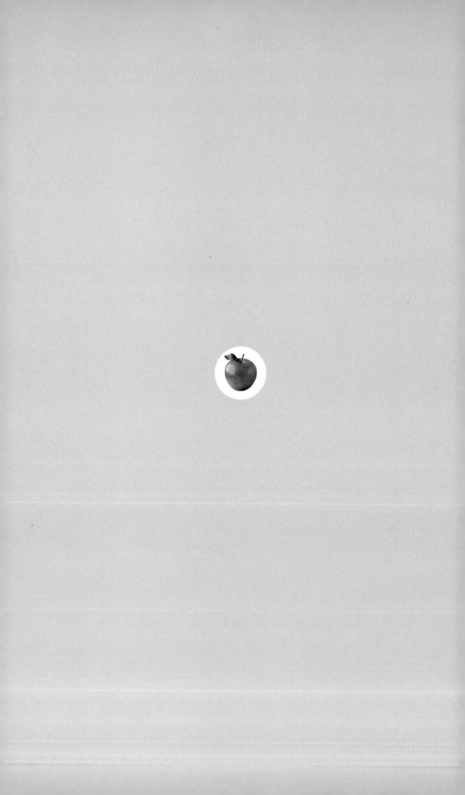

멘델이 발견한 것은 무엇인가?

1865년 체코 모라비아 지역의 자연사 학회에서 한 수도사가 유전학의 역사에 길이 남을 논문을 발표하였다. 논문 주제는 스위트피라는 콩과 식물의 형질이 어떻게 후대로 전달되는가에 관한 것이었다. 수도사 이름은 그레고어 멘델*이고, 논문 제목은 「식물의 잡종에 관한 실험」이었다.

멘델은 종자 색깔이 노란 것과 초록인 것, 종자 모양이 매끄러운 것과 주름진 것 등 형질이 서로 다른 스위트피들을 선택

그레고어 **멘델**(1822~1884) 오스트리아의 수도사이자 유전학자. 스위트피의 교배 실험을 통하여 멘델의 법칙을 발견함으로써 현대 유전학의 기초를 세웠다.

하여 여러 가지 방법으로 교배한 후 몇 년 동안 세심하게 관찰하면서 그러한 형질들이 후대에 어떻게 나타나는지를 탐구했다. 그 결과 멘델은 스위트피의 형질들이 여러 대에 걸쳐서 나타났다가 사라지고, 사라졌다가 다시 나타난다는 것을 발견했다. 또 그는 형질이 다른 스위트피들을 섞어서 여러 번 교배함으로써 그 형질들이 후대로 갈수록 아주 일정한 비율로 나타난다는 것을 깨닫게 되었다.

이러한 관찰 결과를 설명하기 위하여 멘델은 두 가지 스위트피 표본(매끄러운 것과 주름진 것, 또는 노란 것과 초록인 것)을 증거로 제시하면서, 스위트피의 경우 색깔과 형태를 결정하는 각각의 인자가 있다고 주장했다. 이를 자세히 살펴보자.

가령, 매끄럽고 노란 스위트피가 있다고 하자. 이 스위트피를 교배하면 후대는 당연히 같은 형질을 물려받기 때문에 모두 매끄럽고 노란 스위트피가 되어야 한다. 그런데 실제로 교배해 보면 매끄럽고 노란 스위트피뿐만 아니라 주름지고 노란 스위트피, 매끄럽고 초록인 스위트피, 주름지고 초록인 스위트피가 나온다. 이는 스위트피의 색깔을 결정하는 인자와 스위트피의 형태를 결정하는 인자가 다르다는 것(독립의 법칙)을 뜻한다.

하지만 첫 번째 교배에서는 모든 스위트피가 매끄럽고 노란데 이는 무슨 까닭일까? 스위트피 종자의 표면을 매끄럽게 하

9 : 3 : 3 : 1

멘델의 법칙

는 인자(또는 노란색을 드러나게 하는 인자)가 그것을 주름지게 하는 인자(또는 초록색을 드러나게 하는 인자)를 제압해서 보이지 않게 만들기(우열의 법칙) 때문이다. 그런데 만약 교배 과정에서 숨겨진 형질을 나타내는 인자를 부모 세대에게서 물려받는다면, 다음 대에는 그 형질이 겉으로 드러나게 된다. 이는 서로 대립되는 두 가지 인자가 한데 합친 상태로 후대에 전달되는 것이 아니라 서로 나뉘어서 전달된다는 것(분리의 법칙)을 뜻한다.

이로써 멘델은 유전학이라는 새로운 과학 분야의 기초를 세웠다. 그러나 아인슈타인의 상대성 이론에 비견할 만한 이 엄청난 과학적 성과는 불행히도 세상에 널리 알려지지 못했다. 나중에 멘델이 불러올 혁명적 결과를 거의 알아채지 못했던 몇몇 전문가들만이 그나마 그것을 기억하고 있었을 뿐이었다.

멘델의 법칙이란 무엇인가?

멘델이 논문을 발표한 지 35년 후인 1900년에 네덜란드의 후고 드브리스,* 독일의 카를 코렌스,* 오스트리아의 에리히 폰 체르마크*는 독자적인 연구를 통하여 거의 동시에 멘델이 발견한 것과 동일한 규칙을 재발견한다. 이 규칙은 현재 '멘델의 법칙'으로 알려져 있다.

1905년 멘델의 실험에서 후대에 전해지는 형질을 결정하는 인자에 '유전자'란 단어를 붙인 사람은 덴마크의 빌헬름 요한센˙이다. 유전자(gene)라는 말은 세대라는 의미의 그리스어 제네아(genea)에서 파생되었다. 한편 요한센은 서로 반대되는 유전 인자(**우성** 혹은 **열성**)에 대립 유전자˙라는 명칭도 붙였다. 두 대립 유전자가 조합되어 생물체의 **표현형**˙을 결정하는 **유전자형**˙을 구성한다는 것이다. 이 말이 무슨 뜻일까?

● ● ●

후고 드브리스(1848~1935) 네덜란드의 식물학자로 멘델의 법칙을 재발견했으며, 달맞이꽃을 교배시켜 관찰하여 돌연변이설을 주장했다.
카를 코렌스(1864~1933) 독일의 식물학자로 멘델의 법칙을 재발견했으며, 1903년 분꽃 교배 실험을 통하여 중간 유전을 발견했다.
에리히 폰 체르마크(1871~1962) 오스트리아의 식물학자로 멘델의 법칙을 재발견하고, 이를 농업과 원예에 응용하려고 애썼다.
빌헬름 요한센(1857~1927) 덴마크의 식물학자이자 유전학자로 '유전자'라는 봉어를 만들어 냈다. 개체 차가 유전적 변이가 아님을 증명하고, 돌연변이설을 강력하게 옹호하였다.
대립 유전자 서로 쌍을 이루는 한 쌍의 유전자.
표현형 유전체의 고유한 성질을 고려하지 않은, 겉으로만 드러나는 형태적, 생리적 특징.
유전자형 특정한 종에 고유한 유전자의 구성 양식.

생물의 형질은 유전적으로 결정된다. 그렇지만 유전 인자의 구성과 겉으로 드러나는 형질이 반드시 일치하는 것만은 아니다. 스위트피의 경우에서 보았듯이, 유전 인자의 구성이 달라도 같은 형질이 나타날 수 있고, 반대로 유전 인자의 구성이 같더라도 형질이 다르게 나타날 수 있다. 그러나 궁극적으로 형질을 결정하는 것은 유전 인자이므로, 이를 형질과 구분할 필요가 생겼다. 이를 위해 요한센은 1926년에 생물 개체의 모든 형질을 지배하는 유전자 구성체를 유전자형이라는 개념으로 정리하였다.

멘델의 법칙은 한 생물체의 여러 가지 형질이 후대에 전달되는 과정에서 표현형을 결정하는 것이 대립 유전자들의 조합이라는 사실을 밝혀낸 것이다. 그러므로 멘델은 눈에 보이는 특성인 표현형을 관찰하여 유전자형을 구성하는 눈에 보이지 않는 실체, 즉 유전자를 개념화한 것이라고 할 수 있다.

2

유전자는 어떻게
작동 하는가?

초파리 염색체는 무엇을 증명했을까?

처음부터 모든 사람이 멘델의 법칙을 인정한 것은 아니다. 미국의 발생학자인 토머스 모건˚을 비롯한 많은 사람들은 생물체의 형질 전달이 생물체 내부에 있는 유전자에 달려 있다는 사실조차도 인정하려 들지 않았다. 그들은 오히려 세대가 내려감에 따라서 생기는 형질 변화가 환경의 영향에 따른 결과라고 믿고 싶어 했다. 이러한 견해는 지금까지도 여전히 논쟁이 끝나지 않은 문제인, 한 생물체의 형질이 유전될 때 선천적인 부

• • • •

토머스 모건(1866~1945) 미국의 유전학자. 초파리의 돌연변이를 연구하던 중 염색체가 유전에 관여한다는 사실을 발견하여 1933년 노벨 생리의학상을 받았다. 저서로 『발생학과 유전』 등이 있다.

분은 무엇이고 후천적인 부분은 무엇인가라는 유전학의 한 근본 문제에 대한 토론으로 우리를 이끌어 간다.

멘델의 법칙을 반박할 생각이었던 모건은 실험 모델로 키우기 쉽고 수명이 짧은 초파리를 선택했다. 모건은 초파리에 화학적 자극을 주어 형질 변이를 일으키려고 했으나, 그 자극이 너무 강해서 초파리가 살아남기 힘들었다. 그러던 어느 날, 모건의 제자 중 한 명이 눈이 붉은 파리들 중에서 눈이 흰 파리 한 마리를 발견하였다. 이 파리는 모건이 초파리의 표현형을 연구하면서 처음으로 발견한 돌연변이[*]였다. 그 후 붉은 눈 파리와 흰 눈 파리를 교배하면서 다음 세대를 지켜본 결과, 놀랍게도 멘델의 법칙에서 예견한 것과 정확히 똑같은 비율로 자손이 생성되었다.

멘델의 법칙은 식물에서뿐만 아니라 곤충에서도 똑같이 유효했던 것이다. 모건의 실험은 결국 초파리를 통해 멘델의 유전 법칙을 증명하는 실험이 되었다. 모건은 즉시 멘델의 법칙을 인정하였다.

● ● ●

돌연변이 생물체에서 부모의 계통에 없었던 새로운 형질이 갑자기 나타나고 이것이 유전하는 현상.

실험을 계속한 결과 모건은 초파리의 유전자 변이가 각 개체별로 독립적으로 이루어지는 것이 아니라 마치 작은 집단에 속해 있는 것처럼 이루어진다는 것을 확인했다. 그리고 마침내 모건은 이 작은 집단들이 세포핵에서 관찰할 수 있는 **염색체**와 매우 정확하게 일치한다는 것을 발견하였다.

특히 한 쌍의 서로 다른 염색체로 구별되는 암수에 따라 초파리 눈 색깔의 유전이 결정되었다. 흰 눈 초파리는 모두 수컷이었던 것이다. 이는 염색체에 성을 결정하는 유전자, 눈 색깔을 결정하는 유전자 등이 한꺼번에 모여 있다는 것을 의미했다. 이로써 모건은 염색체가 눈에 보이지 않는 유전자의 존재를 보여 주는 물질적인 실체임을 증명했다.

그 후 모건은 부모로부터 물려받은 같은 염색체 안에 있는 대립 유전자를 관찰함으로써 유전자들이 염색체에 정확한 순서로 자리 잡고 있는 것을 발견했다. 이를 출발점으로 삼아 모건은 제자들과 함께 1913년부터 초파리 염색체의 유전자 지도를 작성하기 시작하였다.

• • • •

염색체 단백질과 DNA로 이루어져 있으며, 염료를 고착하는 성질이 있다. 염색체의 종류와 크기, 수와 모양 등은 생물의 종류에 따라 다르다.

DNA는 무엇으로 이루어져 있는가?

모건의 연구 이후 수많은 생물학자들이 스위트피와 초파리 뿐만 아니라 박테리아나 효모 같은 단순한 것에서부터 동식물 같은 복잡한 것에 이르기까지 모든 생명체에 멘델의 법칙이 적용된다는 것을 증명했다.

이렇듯 멘델의 법칙이 학계에 널리 수용됨에 따라 염색체와 유전자에 대한 관심이 급격히 높아졌다. 염색체는 핵산(DNA)과 단백질로 이루어지는데, 핵산의 존재는 이미 19세기 중반에 알려져 있었다. 1869년에 스위스의 생물학자 프리드리히 미셰르˚가 세포핵에서 인이 함유된 가는 실처럼 생긴 물질을 발견하고, 이것에 핵산이라는 이름을 붙인 것이다.

그러나 미셰르는 핵산이 유전 물질이라는 사실을 받아들이지 않았으며, 모건이 유전에서 염색체의 중요성을 발견했을 당시에는 핵산의 구조도, 생물학적 역할도 아직 알려지지 않았다. 따라서 염색체를 구성하는 두 가지 물질인 핵산과 단백질 중 어

• • • •

프리드리히 미셰르(1844~1895) 스위스의 생화학자. 세포의 화학적 조성을 연구하던 중 핵 속에 있는 산성을 띠는 물질, 즉 DNA를 발견하였다.

떤 것이 실제로 유전을 지배하는지를 알아내야 했다.

　그것을 최초로 알아낸 것은 미국 록펠러 연구소의 오즈월드 에이버리,˙ 매클린 매카티,˙ 콜린 매클라우드˙였다. 그들은 1944년 폐렴균을 연구하는 도중에 DNA가 한 박테리아에서 다른 박테리아로 형질을 전달하는 작용을 한다는 사실을 발견했다. 이로써 DNA가 기본 유전 물질임이 밝혀져 유전학은 한 단계 크게 진전하게 되었다.

　DNA를 구성하는 **뉴클레오티드**˙는 질소를 포함한 염기의 유형에 따라 아데닌(A)과 티민(T), 시토신(C), 구아닌(G) 등 네 가지로 분류할 수 있다. 또 다른 핵산인 RNA는 티민 대신 우라실(U)이 있는 것만 다를 뿐 나머지는 DNA와 같다.

●　●　●

오즈월드 에이버리(1877~1955)　미국의 세균학자. DNA가 유전에 관여하는 물질임을 실험을 통해 증명하였다.
매클린 매카티(1911~2005)　미국의 유전학자. 록펠러 연구소에서 에이버리, 매클라우드와 함께 다른 종류의 분자를 퇴화시키기 위해 효소를 사용하는 실험을 하였고, DNA가 형질 전환을 일으키는 물질임을 증명하였다.
콜린 매클라우드(1909~1972)　캐나다 태생 미국의 유전학자. 폐렴의 원인균인 폐렴 연쇄 구균에서 박테리아의 형질 전환을 연구하였고, 에이버리, 매카티와 함께 DNA가 유전 정보를 가지고 있다는 사실을 발견하였다.
뉴클레오티드　DNA와 RNA를 구성하는 단위체로서 염기, 당, 인산으로 이루어져 있다.

DNA의 화학 구조는 20개의 아미노산이 서로 합성되어 이루어진 단백질보다 훨씬 단순하다. 이 때문에 사람들은 지나치게 단순한 DNA가 유전자의 본체일 리가 없다고 생각했다. 단백질이 기본 유전 물질이며, DNA는 단백질이 침투함으로써 비로소 작용하기 시작한다는 주장을 하는 사람이 적지 않았다.

그러므로 20세기 중반, 유전학의 핵심 과제는 DNA가 유전자의 본체라는 것을 증명하거나 그러한 생각이 틀렸다는 것을 알아내기 위해 DNA의 구조를 밝히는 것이 되었다.

DNA는 어떻게 생겼을까?

1952년 영국의 젊은 여성 화학자 로절린드 프랭클린˚은 X선 회절법˚을 이용하여 DNA의 미세 구조를 보여 주는 사진을

● ● ●

로절린드 프랭클린(1920~1958) 영국의 물리학자. X선 회절 분석을 통해 DNA의 구조를 결정하는 데 공헌하였다.

X선 회절법 어떤 물체에 X선을 쬐고, 회절(파동이 전파 과정에서 장애물을 만날 때 장애물의 뒤까지 전달되는 현상) 사진을 찍어 그 물체의 분자 구조를 밝혀내는 방법.

얻어냈다. 사진을 본 프랭클린은 DNA가 이중 나선 모양으로 꼬인 두 개의 가느다란 가닥으로 된 구조로 이루어져 있다고 추론하였다. 두 개의 가닥은 각각 나선의 안쪽에는 염기, 바깥쪽에는 인을 포함하고 있는 뉴클레오티드 사슬이 길게 연결되어 있는 모양이었다. 이는 단백질에서 나선 구조를 처음으로 발견한 라이너스 폴링˚이 제시한 모델, 즉 두 개의 나선 바깥쪽에 염기가 있는 삼중 나선형 모델과 일치하지 않았다. 하지만 프랭클린은 DNA가 나선 구조일 리가 없다고 생각한 데다 적절한 수학적 도구를 갖추지 못했기 때문에 이중 나선 구조를 정확하게 제시하지는 못했다.

DNA의 구조를 완벽하게 밝혀낸 것은 미국의 생물학자 제임스 왓슨˚이었다. 그는 유전의 비밀을 알아내려면 단백질이 아니라 DNA를 연구해야 한다는 에이버리의 기사를 읽고 그것을 철저히 파고들어 보기로 결심했다. 프랭클린이 찍은 X선 회

● ● ● ●

라이너스 폴링(1901~1994) 미국의 물리학자. 화학 결합을 이론적으로 연구하였다. 항원·항체 반응 이론에 기여한 공로로 1954년에 노벨 화학상을, 원폭 실험을 반대하는 반전 운동가로서 1962년에 노벨 평화상을 받았다.
제임스 왓슨(1928~) 미국의 생물학자. DNA의 분자 구조를 최초로 발견하여 프랜시스 크릭, 모리스 윌킨스와 함께 1962년에 노벨 생리 의학상을 받았다.

절 사진을 얻어 낸 왓슨은 이 사진을 영국의 단백질 결정학자이며, 생체 내 고분자의 삼차원 구조를 밝혀 내는 연구에 몰두하고 있던 프랜시스 크릭[*]에게 전해 주었다. 왓슨과 크릭은 함께 프랭클린의 DNA 구조보다 정교한 모델, 즉 가느다란 가닥이 반대 방향으로 뻗다가 염기 티민과 아데닌, 그리고 시토신과 구아닌이 각각 쌍을 이루며 결합하는, 사다리가 꼬인 모양으로 생긴 이중 나선 구조 모델을 발표하였다.

이 모델로부터 왓슨과 크릭은 세포 분열이 이루어질 때 이중 나선 구조의 DNA 사슬 두 가닥이 분리되며, 분리된 가닥이 각각 모체가 되어 상보적인 새 가닥을 만들어 내면서 DNA가 복제된다고 주장하였다. 이들의 연구는 유전자가 DNA로 구성되어 있다는 에이버리의 연구 결과를 증명한 것이다.

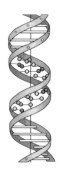

DNA의 이중 나선 구조

유전자란 무엇이며, 어떤 기능을 하는가?

1953년에 DNA의 이중 나선 구조가 발표된 이후, 유전자는 한 세대에서 다음 세대로 유전 정보를 전달하는 과정을 결정하는 물리적 실체라는 사실이 분명해졌다. 그런데 모든 생화학 구조가 그렇듯이 종종 잘못된 염기가 끼어들면 그에 따르는 오류가 발생한다. 이것이 **돌연변이**가 생기는 이유이다. 돌연변이는 자연스럽게 또는 환경의 영향으로 새로운 형질이 어떻게 나타나게 되는지 이해할 수 있게 해 준다. 돌연변이를 거쳐 나타난 생물의 특정 기능은 환경에 따라 촉진되거나 억제될 수 있으며, 그 결과 후손에게 나타나거나 없어질 수 있다.

유전자의 구조는 진화에 기여하는 동시에 유전병의 출현에도 영향을 미친다. 따라서 효소˚나 호르몬˚ 같은 단백질이 형질을 결정하는 데 유전자가 어떻게 개입하는지, 그래서 생물의

●　●　●

프랜시스 크릭(1916~2004) 영국의 분자 생물학자. DNA의 이중 나선 구조를 발견한 사람들 중 하나이다.
효소 생물체 내의 화학 반응을 촉매하는 단백질.
호르몬 동물체의 내분비 기관에서 형성되어 체내의 여러 기관으로 운반되고 그곳에서 특정한 영향을 미치는 화학 물질.

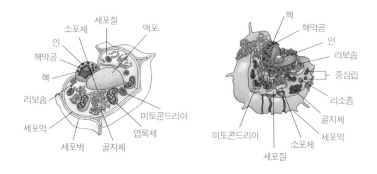

식물 세포   동물 세포

세포의 구조

기능 작용에 유전자가 어떤 방식으로 참여하는지를 설명하는 게 유전학의 새로운 과제가 되었다. 이는 유전자를 구성하는 DNA 분자 안에 있는 유전 정보 및 구조와 단백질의 기능 사이에 존재하는 관계를 밝히는 것이다.

1960년대 초, DNA의 염기 3개로 이루어진 염기 조합(트리플렛 코드)이 단백질에서 20개의 아미노산 서열로 번역되는 규칙(**유전 암호**)의 존재가 밝혀졌다. 유전 암호는 약간의 예외가 있기는 하지만 현존하는 모든 생명체에 거의 공통된다. 유전 정보는 DNA로부터 RNA라는 중간 단계를 거쳐 단백질 쪽으로 흘러간다. 이는 이후의 연구에서 이용할 생화학 구조의 확

유전 정보의 전달 과정

고한 기초가 되었다. 프랜시스 크릭은 이러한 과정과 유전 암호를 한데 묶어서 유전 정보의 **중심설**이라고 불렀다.

이제 유전 정보의 중심설을 자세히 살펴보자.

DNA에서 전사˚를 통하여 RNA가 합성되는 과정은 다음과 같다. DNA의 복제 과정은 이중 나선을 이루는 두 가닥이 풀리는 데에서 시작한다. 이때 풀린 가닥들은 상보성 염기˚를 이용하여 새로운 가닥을 복제한다. 그런데 효소의 작용에 따라 어떤 경우에는 DNA의 가닥 중 하나가 DNA를 복제하는 것이 아니라 RNA를 생성한다. 유전자의 종류에 따라 다른 일련의

● ● ● ●

전사 DNA에서 RNA로 유전 정보가 전달되는 것. DNA와 RNA는 생화학적 구조가 비슷하기 때문에 상보성 염기를 통하여 정보 전달이 이루어지므로 베낀다는 뜻의 '전사'라는 말을 쓴 것이다.

상보성 염기 티민과 아데닌, 시토신과 구아닌 등 서로 쌍을 이루어 결합한 염기. DNA를 이루는 염기들은 정보 전달 과정에서 쌍을 이루는 염기들을 복제한다.

정보 전달 과정이 끝나면, 만들어진 RNA 가닥은 DNA의 유전 정보를 단백질 합성 기관에 전달하기 위하여 핵 밖으로 옮겨진다. 이렇게 유전 정보의 전달자로 사용하기 때문에 DNA의 유전 정보가 전사되어 만들어진 RNA를 **전령 RNA**(mRNA)라고 부른다. 한편, DNA의 트리플렛 코드를 전사한 전령 RNA의 유전 암호˚는 세포질에서 번역되어 아미노산 서열을 지정하게 된다. 이 작업은 RNA 자신과 **리보솜**˚에 의해 이루어진다.

유전자를 둘러싼 온갖 과학적 문제들을 해명하기 위한 과학자들의 노력은 밤낮없이 계속되었다. 그중 그 성과가 인정되어 세상에 널리 알려진 것도 적지 않다. 1962년 프랜시스 크릭과 제임스 왓슨, 그리고 로절린드 프랭클린의 동료였던 모리스 윌킨스˚는 핵산의 분자 구조를 결정하고, 생명체의 유전 정보 전

• • •

전령 RNA의 유전 암호 DNA와 마찬가지로 3개의 염기 조합으로 이루어져 있으며, 이를 코돈이라고 한다. 아미노산의 수(20가지)에 비하여 유전 암호의 수(64가지)가 많기 때문에 2가지 이상의 유전 암호가 하나의 아미노산을 지정하는 경우가 있다. 64가지 코돈 중에서 61가지는 아미노산을 지정하며, 나머지 3가지(UAA, UAG, UGA)는 단백질 합성을 중단하라는 명령을 내린다. AUG는 아미노산인 메티오닌을 지정하는 동시에 단백질 합성을 시작하라는 명령을 내린다.

리보솜 모든 생물종의 세포에서 발견되는 아주 작은 알갱이 모양의 물질로 세포질 속에 들어 있으며 조면 소포체의 표면에 달라붙어 있다. 단백질 합성이 이루어지는 장소로 세포 1개당 1000~100만 개가 들어 있다.

달 연구에 기여한 공로로 노벨 생리 의학상을 받았다. 1965년에는 프랑수아 자코브, 앙드레 르보프, 자크 모노가 유전자의 작용이 어떻게 제어되는지를 설명해 주는 효소 합성과 바이러스의 역학에 관계된 연구로 노벨상을 받았다. 1968년에는 로버트 홀리와 고빈드 코라나, 마셜 니런버그가 단백질 합성

● ● ● ●

모리스 윌킨스(1916~2004) 뉴질랜드 태생 영국의 물리학자. DNA의 X선 회절 사진을 찍어 DNA의 구조를 밝히는 데 결정적 역할을 했다.
프랑수아 자코브(1920~) 프랑스의 생화학자. 세포의 조절 작용에 대한 다양한 발견과 연구 공로로 1965년 르보프, 모노와 공동으로 노벨 생리 의학상을 받았다.
앙드레 르보프(1902~1994) 프랑스의 미생물학자. 효소와 바이러스 합성의 유전적 제어를 연구한 공로로 1965년 자코브, 모노와 공동으로 노벨 생리 의학상을 수상했다.
자크 모노(1910~1976) 프랑스의 생화학자. 유전자가 세포의 생합성을 지배하여 세포 대사를 조절한다는 사실을 밝혀내 1965년 자코브, 르보프와 공동으로 노벨 생리 의학상을 받았다.
로버트 홀리(1922~1993) 미국의 생화학자. RNA 분자 구조를 발견했다. 유전 정보 해독과 단백질 합성 과정을 연구한 공로로 코라나, 니런버그와 공동으로 1968년 노벨 생리 의학상을 받았다.
고빈드 코라나(1922~) 인도 태생 미국의 생화학자. DNA와 RNA를 인공 합성하여 단백질 합성 과정을 실험실에서 재현해 냄으로써 1968년 홀리, 니런버그와 공동으로 노벨 생리 의학상을 받았다.
마셜 니런버그(1927~) 미국의 분자 생물학자. RNA의 코돈이 아미노산을 지정하는 역할을 한다는 것을 발견한 공로로 1968년 홀리, 코라나와 공동으로 노벨 생리 의학상을 받았다.

에서 유전자 암호와 그 기능을 해독한 공로로 노벨상을 받았다.

유전학이 정립된 것은 오랫동안 무시당했던 멘델의 연구 논문이 발표된 지 한 세기가 지나 그 성과를 널리 인정받은 후였다. 유전학이 밝혀낸 것을 간략히 정리하면 다음과 같다.

유전자는 여러 세대에 걸쳐 유전 정보를 전달하는 DNA의 한 부분이다. DNA의 유전 정보는 이중 나선의 상보적 구조에 의해 복제되어 후대에 전해지며, RNA를 통하여 단백질에 개입하여 유전 정보를 전사하고 번역하는 유전 암호에 의해 형질 발현에 관여한다.

3

유전자의 변신은
무죄인가?

유전자도 분리가 될까?

유전자가 DNA 분자를 갖고 있는 물질적 실체로 정의되고 난 후 약 20년이 흐르는 동안 유전자를 하나씩 분리하고 분석하기 위하여 다양한 방법이 개발되어 사용되었다. 이 과정에서 탄생한 것이 **유전 공학**이다.

유전 공학은 유전자를 분리하고 그것을 다시 결합하여 이른 바 **재조합 유전자**를 만들어 내는 것을 핵심 기술로 한다. 그 과정을 간략하게 살펴보자.

유진자의 분리는 **제한 효소**를 이용하여 이루어진다. 제한

- - - -

제한 효소 DNA의 특정한 염기 서열을 식별하여 잘라 내는 기능을 하는 효소.

효소는 박테리아가 바이러스의 침입을 방어하기 위하여 만들어 내는 물질이다. 외부 DNA가 세포에 침투하지 못하도록 하는 박테리아의 방어 메커니즘인 것이다. 이 효소를 이용하면 원하는 DNA를 필요한 부위만 잘라 낼 수 있다. **DNA 리가아제** 는 이렇게 해서 잘라 낸 DNA 조각을 박테리아 또는 효모에서 분리한 DNA 조각(플라스미드)과 결합하는 데 쓰이는 합성 효소이다. 마지막으로 리가아제를 이용하여 얻은 재조합 유전자를 원래 박테리아 또는 효모에 다시 집어넣어 배양한 후 다시 분리해 내면 유전자 재조합 과정이 끝나는 것이다.

그 후 물리 화학과 생화학의 도움으로 **염기 서열**이라고 부르는 유전자의 DNA 분자 배열 순서를 정확히 밝혀냈다. 그리고 유전자의 염기 서열을 알게 되자 DNA 분자를 화학적으로 합성하여 DNA를 부분적으로 똑같이 만든 **올리고 핵산**을 마음대로 생산하는 것이 가능해졌다. DNA가 이중 나선 구조로 되어 있기 때문에 이처럼 합성된 올리고 핵산은 DNA 나선의 한 가닥과 상보적인 짝을 이룰 수 있다. 이를 통해 원하는 DNA 분자를 쉽게 검출하고, **중합 효소 연쇄 반응**˚으로 DNA를 대량으로

• • • •

DNA 리가아제 DNA의 두 뉴클레오티드를 연결시키는 효소.

얻을 수 있게 되었다. 여기에 대해서는 다시 이야기할 것이다.

유전자를 변형해도 될까?

지금까지 살펴본 것 같이 과학자들은 여러 방법을 적절하게 조합하여 동식물이나 박테리아의 유전자를 검출하거나 분리할 수 있게 되었다. 초기 유전 공학은 유전자의 염기 서열을 밝혀 내고, 중합 효소 연쇄 반응과 같은 매우 정교하고 정확한 유전자 검사법을 발전시켰으며, 올리고 핵산을 합성할 때 그 염기 서열 안에 돌연변이 염기를 삽입해 유전자를 원하는 방식으로 조작할 수 있게 해 주었다.

이제 어떤 생명체라도 단 한 차례의 조작만으로 돌연변이를 일으킬 수 있게 된 것이다. 이러한 유전적 개입은 단 한 번의 조작으로 대대손손 원하는 대로 생물체의 형질을 바꾸고 싶어 했던 농부나 낙농가들에게는 혁명이나 마찬가지였다. 게다가

· · · ·

중합 효소 연쇄 반응(PCR) 중합 효소를 이용하여 DNA의 특정 부위를 시험관 내에서 반복 합성함으로써 원하는 DNA 분자를 증폭하는 방법.

한 종에서 추출한 유전자를 다른 종에 삽입하는 유전적 개입은 진화 과정 중에 생긴 종들 사이의 자연스러운 경계를 허물었다.

유전자 조작 생물체는 다양한 상황에서 유전자의 기능을 연구할 수 있게 해 주며, 인슐린과 같은 특정한 단백질을 대량으로 만들 수 있게 해 주었다. 덕분에 처음에는 박테리아 등을 이용하여, 그다음에는 동식물의 세포를 이용하여, 그리고 최근에는 **유전자 변형 생물체**라고 불리는 동식물 자체를 이용하여 약이나 식품을 생산할 수 있게 되었다. 이와 같은 생명 공학의 산물들은 살아 있는 생물에서 직접 물질을 추출했을 때 발생할 수 있는, 병의 원인 물질에 의한 감염을 방지할 수 있는 장점이 있다. 예를 들어 혈액 제제로부터 확산되었던 에이즈 감염과 같은 문제를 피할 수 있는 것이다.

분자 유전학 분야에서와 마찬가지로 처음에는 유전 공학 분야도 다수의 노벨 생리 의학상과 노벨 화학상 수상자를 배출하였다. 그러나 동시에 사회 일각에서 생명체 전반에 대한 전대미문의 조작이 인류의 건강과 환경에 악영향을 끼칠 수 있다는 우려가 터져 나왔다.

유전 공학이 인간의 힘으로는 제어할 수 없는, 새로운 병원체를 만들어 낸다면 어떻게 할 것인가? 1975년 애실로마° 회의에서는 유전자 재조합 기술의 잠재적 위험성을 고려하여 연구를 일시 중단하기로 합의하였고, 이후 유전 공학과 생명 공학의 응용은 매우 엄격한 규제 아래 제한적으로 추진되었다. 그러나 그 후 30년 동안 어떠한 사고도 일어나지 않았기 때문에 지금은 조금씩 규제가 완화되고 있다.

그렇지만 유전자 조작에 대한 논쟁은 잠잠해지기는커녕 오히려 더 활발히 진행되고 있으며, GMO라는 표시는 이제 하나의 상징이 되었다. 사람들은 특정한 유전자 변형 동식물에 대해서는 더욱 큰 우려를 나타냈다. 가령, 포유 동물 유전자에 인간 유전자를 집어넣어 포유 동물의 젖으로부터 인간의 젖과 유사한 재조합 단백질을 생산하려는 시도나 어떤 식물의 유전자에 다른 종의 유전자를 집어넣어 살충제에 강한 식물을 대량으로 재배하려는 시도에 격렬한 반대를 표시한 것이다.

어떤 사람들은 철학적인 이유로 종의 경계를 무너뜨리는 것을 합법화하는 데에 반대한다. 어떤 사람들은 인위적인 유전자 조합이 가져올 효과에 대해 충분히 숙고할 수 없었으며, 또 재

● ● ● ●

애실로마 미국 캘리포니아의 몬트레이 반도에 위치한 도시. 1975년 재조합 유전자의 위험성을 점검하고 그 대책을 논의한 회의가 열렸다. 회의 결과 유전자 재조합 실험에 대한 구체적인 안전 기준이 마련되었다.

조합 유전자를 수용하는 생물체의 기능에 그것이 해로운 결과를 가져올 수도 있다고 걱정한다. 전자는 어떠한 형태로든 유전 공학을 단호하게 금지하기를 원할 것이고, 후자는 유전 공학을 최대한 조심스럽고 신중하게 사용하기를 바랄 것이다.

이들은 모두 농산품 대기업들이 완벽하게 통제할 수 없는 공정을 통해 유전자 변형 작물을 대량으로 생산할 수도 있다고 우려한다. 사실 삽입할 유전자에 대해 잘 알고 있다고 할지라도 수용 생물의 DNA 안에 그 유전자를 안전하게 삽입할 장소를 찾는 것은 매우 어렵다. 게다가 그러한 행위를 일일이 다 감시할 수 없다는 것을 생각하면 유전자 변형 작물의 확산이 환경에 어떤 결과를 초래할지는 아무도 모른다. 상황이 이러하다 보니 사람들은 유전자 변형 작물이 포함되지 않은 식품을 선택할 자유를 달라고 요구한다. 그래서 많은 사람들이 미국이나 중국, 아르헨티나와 같은 여러 국가에서 이미 시행되고 있는 조방적 농업˙에 찬성하고 있다.

· · · ·

조방적 농업 일정 면적의 땅에 자본과 노동력을 상대적으로 적게 들이고 자연에 기대어 짓는 농업 형태.

인간 유전체 프로젝트란 무엇인가?

1990년대에 들어서자마자 규모 면에서 입자 물리학이나 항공 우주 프로젝트에 비견할 만한 최초의 대규모 국제 생물학 연구 사업인 **인간 유전체 프로젝트**가 공식적으로 시작되었다. 이 프로젝트는 인간, 미생물, 식물, 동물의 **유전체** 염기 서열을 완전하게 밝혀내려는 획기적인 시도였다. 그러기 위해서는 생물학 내의 연구 성과뿐만 아니라 최근 비약적으로 발전하고 있는 로봇학, 제어 계측학, 정보 과학 등의 도움도 받아야 했다.

인간 유전체 프로젝트가 시작되기 전까지 과학자들은 주로 전령 RNA의 유전 정보 전달 과정, 단백질의 유전 암호 해독 과정 등을 개별 유전자 차원에서 연구해 왔다. 그러나 인간 유전체 프로젝트와 함께 **유전체학**의 시대가 열리면서 과학자들은 이제 한 생명체의 모든 유전 정보를 포함하는 유전체를 대상으로 연구를 진행하고 있다. 또 유전체 연구와 동시에 **전사체**, **단백체**, **대사체**를 밝히려는 연구들이 진행되고 있다.

인간 유선체 프로젝트의 복표는 인간 유전체의 상세 지도를

● ● ● ●

유전체(genome) 어떤 생물체가 갖는 유전 정보 전체를 일컫는 말.

만드는 것이다. 이는 인간 유전체에서 유전자들 사이의 위치를 결정하는 작업이기도 하다. 그러고 보니 가장 먼저 떠오르는 것이 토머스 모건의 초파리 염색체 지도이다.

앞에서 우리는 모건이 최초의 유전자 지도를 만들었다고 말했다. 이때 모건이 사용했던 원칙에 따라 만들어진 지도를 **결합 유전자 지도**라고 한다. 결합 유전자 지도는 통계학적 방법을 이용하여 이미 그 기능을 알고 있는 유전자(표지)와 다른 유전자들 사이의 상대적 위치를 그림으로 나타낸 것이다. 결합 유전자 지도를 이용하면 기능을 알 수 없는 유전자를 간단하게 염색체 위에 배열할 수 있다. 가령, 대립 유전자를 서로 연관하여 그려내므로 정상 유전자의 위치를 알아내면 유전병을 일으키는 유전자를 쉽게 찾아낼 수 있게 해 주는 것이다.

일단 결합 유전자 지도의 작성이 끝나면 다음으로 **유전자 물리 지도**의 작성에 들어간다. 유전자 물리 지도란 염기쌍을 조

● ● ● ●

전사체 유전체의 유전 정보가 전사되어 만들어진 세포 내의 모든 RNA를 일컫는 말.
단백체 전사체로부터 유전 정보의 번역 과정을 거쳐 만들어진 모든 단백질을 일컫는 말.
대사체 전사체 및 단백체가 촉매가 되어 일어난 세포 내 화학 반응을 통해 만들어진 모든 대사 물질을 일컫는 말.

각조각 나눈 후 이를 다시 순서대로 배열하여 만든 지도이다. 유전자 물리 지도의 작성에는 10만 염기쌍 크기 정도로 자른 염색체 조각들을 박테리아에 삽입하여 만든 세균 인공 염색체 은행의 작성 기술이 이용된다. 유전자 물리 지도는 DNA 분자를 따라 배열된 염기들 각각의 정확한 성질과 유전자 각각의 정확한 위치가 밝혀지기 전에, 박테리아나 효모에서 미리 복제한 유전체 조각들을 배열할 수 있게 해 준다.

사실상 모든 DNA가 유전자와 일치하는 박테리아 유전체만 하더라도 유전자 물리 지도를 작성하기 위해서는 수백만 개의 뉴클레오티드 순서와 수백 개의 유전자 구조를 결정해야만 한다. 그러므로 박테리아보다 훨씬 더 구조가 복잡한 동식물의 상세한 유전체 지도를 작성하는 것은 결코 단순한 일이 아니다. 동식물의 유전체는 유전 암호를 갖고 있는 수만 개의 유전자로 구성되어 있다. 또 그 유전자들을 수십억 개의 뉴클레오티드와, 유전자를 갖고 있지는 않지만 그 기능을 조절하고 종종 염색체의 구조에도 관여하는 DNA 조각들로 둘러싸여 있다. 이 모든 것이 동식물의 유전체 지도를 작성할 때 포함되어야 한다. 게다가 동식물의 DNA는 RNA 전사 과정에서 단백질 합성 정보를 갖고 있는 **엑손**과 단백질 합성 정보 없이 엑손을 연결하다가 끊어져 없어지는 **인트론**으로 세분화된 구조를 갖고 있다.

이처럼 유전자의 DNA 분자와 유전자의 기능을 조절하는 인자들의 정확한 위치를 결정하기가 정말 어렵기 때문에 인간의 유전자 수가 얼마인지에 대한 합의가 아직 이루어지지 않고 있다. 어떤 사람들은 RNA 전사 과정을 통해 단백질을 지정하는 유전 암호를 갖고 있는 유전자만 해도 3만 개에 달한다고 추산한다. 그리고 단백질을 지정하는 유전 암호는 없지만 다른 유전자들의 기능을 조절하는 데 관여하는 유전자에다가 RNA까지 합하면 5만 개에 달한다고 추정한다.

정보 과학의 도움을 받는다 할지라도 유전자의 염기 서열만으로는 엑손과 인트론의 구조를 확신할 수 없을뿐더러, RNA에서 유전자의 전사가 어디에서 시작하고 어디에서 끝나는지도 정확하게 단언할 수 없다.

한편, RNA의 전사 과정 전체에 대해 상세히 연구한 결과, RNA를 유전 물질로 갖는 바이러스는 DNA에서 RNA로의 전사 과정과 반대로 RNA에서 DNA가 만들어지는 **역전사 과정**이 있다는 것을 알아냈다. 역전사를 통해 전령 RNA를 주형으로 하여 생성된 DNA를 cDNA라고 한다. cDNA는 특정 세포에서 어떤 유전자가 발현되는지를 밝히는 데 중요한 단서가 된다.

RNA 내로 전사되어 발견되는 엑손만으로 추정한 RNA의

동식물 같은 진핵 생물의 유전체 지도를 작성하는 것은 쉬운 일이 아니다.

구조에 대한 지식은 인트론과 엑손으로 구성된 유전자의 구조를 실험을 통하여 입증하는 과정에 폭넓게 기여하였다. 비록 각각의 전사 과정이 개별적으로 세포의 유형과 기관, 또는 생명 작용에 따라서 엄청나게 다르다 할지라도 전체적으로는 동일한 유전자가 다양한 역할을 하는 여러 전사들을 만들어 내는 것이다.

결국 인간 유전체에 속한 수만 개에 달하는 유전자가 수십만 개의 다른 전사들을 만들어 내는 것이 분명하다. 게다가 전사들이 단백질을 지정하는 방법과 이 단백질들이 다른 유형의 세포들 속에서 발현되는 과정에서도 수많은 변이가 나타난다. 따라서 가장 복잡한 생물이 유전 정보를 전달하는 데 수백만 개의 단백질로 이루어진 단백체를 이용한다는 것도 일리가 있어 보인다.

유전자 정보가 특허가 될 수 있을까?

1990년대 초 한 유전학 단체가 인간 유전체에 관한 지식에 대해 특허를 신청하여 대규모 이익을 얻으려 하였다. 특허 신청서에 정상적인 DNA 분자의 염기 서열을 단순하게 적고, 아직 입증되지는 않았지만 나중에 연구를 통하여 밝혀질 가능성이 있는 이 지식을 응용하려는 사람에게 돈을 내라고 요구하는 행위를 한 것이다. 그런데 보통 특허는 어떤 물건의 발명에 주어진다. 유전자 정보는 발명되는 것이 아니라 본래 있었던 것이 발견되는 것이다. 물론 발견에 대해 특허가 주어지는 일이 전혀 없는 것은 아니다.

그러나 유전자에 관한 특허를 인정하는 것은 소립자나 화학 성분 또는 별자리에 특허를 주는 것과도 같다. 이는 다른 사람의 정상적인 연구를 막을 우려가 높다. 인류가 질병 문제를 해결하는 데 유익하게 이용될 유전자 정보의 이용을 상업적인 목적으로 제한하려는 이러한 시도에 대해 많은 사람들이 목소리를 높여 반대하고 있다.

인간 유전체 프로젝트에 참여한 나라들의 정치가들에 이어 유네스코와 유엔은 인간 유전체와 인권에 관한 선언문을 통해, 모든 사람이 유전학 관련 지식을 자유로이 이용할 수 있어야 한다고 주장하였다.

그러자 여러 유전 공학 관련 회사들은 비즈니스 모델을 수정하기에 이르렀다. 이들은 먼저 염기 서열에 관한 미완성 연구에 대해 잠재적인 특허를 얻은 후 나중에 그것을 발견하게 되면 공개 데이터베이스에서는 마음대로 이용할 수 없도록 비

공식 데이터베이스에 넣어 이에 접근할 수 있는 권리를 유료로 구입하게 만든 것이다.

에리스로포이에틴* 처럼 유전 공학의 성공 지표가 된 몇몇 약품이나 성장 호르몬 덕분에 굴지의 제약 회사가 된 생명 공학 회사들 역시 이와 비슷한 방법을 통하여 유전 정보를 비지니스에 이용하고 있다.

하지만 생명 공학 회사들이나 제약 회사들이 반드시 연구에 성공한다는 보장이 없기 때문에 투자자는 점점 더 큰 위험을 감수하고 있다. 실제로 새로운 약품이 행정 당국의 승인을 받아 시장에 나오기 전까지 연구비와 개발비로 평균 10억~30억 유로가 든다. 이런 위험을 무릅쓰면서도 그들은 30년의 유전 공학과 10년의 유전학 연구 개발의 결과가 성공하기를 기다리는 것이다. 그에 대한 적절한 경제적 보상이 없다면 누가 이 일을 하려고 들겠는가.

게다가 이 도박은 인류의 건강을 위해서 매우 중요하다. 특

● ● ●

에리스로포이에틴 흔히 EPO라고 불리며, 인간의 신장 세포에서 만들어지는 호르몬으로 혈액을 생성하는 기능을 하기 때문에 흔히 빈혈 치료제로 쓰인다. 최근에는 에이즈나 암 치료에도 사용되고 있다. 세계에서 가장 비싼 물질 중 하나로 1그램 가격이 67억 원에 이른다.

히 선진국에서 많이 발생하는 유전병과 같은 희귀병이나 개발도상국에서 많이 발생하는 말라리아와 같이 이환율[*] 이 높은 기생 생물이 일으키는 병을 해결하는 데에는 이들의 활약이 꼭 필요하다. 이 병들은 충분한 수익성이 보장되지 않아 기존 기업이 투자하지 않는 병이기 때문이다. 사실 유전병의 경우는 이러한 병에 걸린 환자 수가 적어서 약의 판매량이 적을 수밖에 없고, 말라리아의 경우는 수요는 많으나 경제적 지불 능력이 없어서 소용없다.

그러나 막대한 이익을 가져다주는 약인 심리 또는 감정 치료 약물도 새로운 약이 점점 줄어들고 있다. 국가가 중앙 집권화된 공적 기관을 통해 확실한 약만 사용하게 함으로써 정치적으로 건강 비용을 억제하려고 하기 때문이다. 그게 아니면 생산하는 데 적은 비용을 투자해 엄청난 매상고를 올리는 기업의 수익성을 보장해 주려는 정치적 의도라고 할 수밖에 없다.

현실적으로는 아마도 이 두 가지 이유가 결합해 연구 개발에 대한 노력을 약화시키는 듯하다.

그러나 유진자의 염기 서열에 대한 지식을 깊고 있다는 사

●　●　●

이환율 일정 기간 내 평균 인구 수에 대한 질병 발생 건수의 비율.

실만으로 제약 회사가 생명체와 그 병에 관련된 온갖 현상들을 완벽하게 이해하고 있다고 보기는 어렵다. 따라서 1세기 전부터 제약 회사가 해 온 활동, 즉 생화학과 분자 생물학을 기반으로 하는 온갖 활동에 대하여 안팎으로 엄격하고 분석적으로 따져 보지도 않은 채, 제약 회사가 과학자들의 뒤를 이어 인류의 건강 문제를 떠맡겠다고 나서는 것은 말도 되지 않는다.

4

유전학은
어디로 가고 있는가?

유전자와 DNA는 어떤 관계일까?

DNA는 유전자의 본체이다. 유전자의 주요 기능은 단백질의 합성을 지시하는 것이다. DNA의 염기 서열은 단백질을 이루는 폴리펩티드의 아미노산 서열을 결정하며, 단백질의 여러 가지 작용으로 어떤 생물의 형질이 결정된다.

이렇듯 유전자와 DNA, 단백질은 각자 역할을 하면서도 서로 긴밀한 관계에 놓여 있다.

DNA와 단백질은 어떻게 상호 작용할까?

멘델이 유전 인자를 발견한 이후 한 세기 반 동안 유전학은 폭발적으로 발전해 왔다. 그 사이에 유전학자들은 DNA의 분

DNA와 단백질은 서로 힘을 합쳐서 생명체의 형질을 결정한다.

자 구조를 발견한 데 이어 유전자의 염기 서열 구조를 밝혀내는 등 획기적인 업적을 이루어 냈다.

처음에 유전학은 여러 분야에서 응용되어 우리의 일상에 커다란 영향을 끼쳤지만, 생태계를 영원히 교란시킬 수 있다는 유전자 조작의 위험 때문에 점차 의혹과 염려의 대상이 되기도 했다. 현재 유전자 조작은 살아 있는 생명체의 복잡다단한 기능을 연구하거나 그 기능에 중대한 영향을 미치는 각종 질병들을 치료하거나 예방하는 경우 등에만 아주 극도로 제한해서 사용되고 있다.

게다가 수많은 제약 회사들이 유전 공학의 지식을 활용하여 새로운 약과 치료법을 개발하는 데 큰 투자를 했지만, 기대와는 달리 많은 성공을 거두지는 못했다. 왜 그럴까?

인간 유전체 프로젝트의 지지자들은 인간 유전체 지도가 '생명의 책'이라도 되는 양 주장했지만, 유전자의 염기 서열은 그 자체만으로는 어떠한 생명 작용도 일으키지 않기 때문이다. DNA 그 자체만으로는 생명체의 기능을 결정할 권한을 모조리 다 가지고 있는 마법의 열쇠가 될 수 없다는 말이나.

그렇다고 해서 실망할 필요는 없다. 현재까지 이루어진 수많은 연구 결과, 우리는 DNA가 어떻게 생물체의 놀라운 형질들을 나타나게 하는지를 이해하려고 애쓰면서 동시에 유전자의 역할과 환경의 상호 작용을 재검토할 수 있게 되었다. 이를 통하여 우리는 DNA가 모든 것을 결정한다는 '유전자 환원주의'에 빠지지 않으면서도 생명 활동에서 유전자가 하는 역할을 더욱 잘 이해하게 될 것이다.

먼저 시험관에 유전자를 갖고 있는 DNA 분자가 들어 있다고 상상해 보자.

이 DNA 분자를 그대로 놓아두면 어떤 일이 벌어질까? 그 유전자에 어떤 성질이 있든지, 이 DNA 분자가 어디에서 왔든지 상관없이 이대로 DNA만 놓아둔다면 아무 일도 일어나지 않을 것이다. DNA 분자를 그대로 계속 시험관에 놓아두면, 자연히 또는 복사° 효과 때문에 DNA와 같은 고분자물의 원자들을 고정하는 화학 결합이 깨져서 DNA는 서서히 부서진다. 시험관에 물을 넣어 보면, 틀림없이 DNA 분자의 분해 과정을 촉진하는 산성 용액이 될 것이다. 이는 특별한 화학 반응이 아니다. 이 과정은 아주 정상적인 부패 과정으로, 냉동된 채 발견된 동물의 유해나 화석에서 DNA가 부서진 아주 작은 조각들로만 발견되는 것은 이 때문이다. 따라서 시베리아의 얼음 속에서

● ● ●

복사 물체로부터 열이나 전자기파가 사방으로 방출되는 현상. 방사라고도 한다.

발견된 매머드처럼 비록 상대적으로 가까운 과거에 속하는 동물이라 할지라도 이를 이용하여 사라진 종을 복원하려는 계획은 현재로서는 그다지 현실성이 없어 보인다.

어쨌든 세포 속에 있을 때와는 달리 이런 조건에서 DNA는 아무것도 못하는 것처럼, 아무 작용도 하지 않는 것처럼 보인다. 그렇다고 해서 DNA가 아무 소용도 없다고 결론을 내리지 않도록 조심해야 한다. 활동한다는 증거가 없다고 해서 활동하지 않는다는 증거가 되지는 않기 때문이다. 달리 말해 어떤 다른 조건에서는 이런 경우에도 DNA의 활동을 포착할 수도 있다는 말이다.

실제로 매우 다양한 조건에서 수많은 DNA 분자들을 살펴본 결과, 매우 적은 수의 DNA 분자는 효소와 똑같은 작용을 한다는 것이 밝혀졌다. 이와 같은 효소 작용은 오직 단백질만의 고유한 역할로 여겨 왔는데, DNA도 어떤 조건에서는 그러한 작용을 한다는 것이 밝혀진 것이다. 이때 DNA는 단백질이

● ● ● ●

매머드의 복원 이에 대해서는 이 시리즈에 속해 있는 『매머드를 부활시킬 수 있을까?』를 참조하라.
효소 작용 효소는 생명체에서 일어나는 온갖 화학 반응의 매체 구실을 한다. 효소 작용이란, 효소가 생화학 반응을 촉진하거나 억제하는 것을 뜻한다.

나타나기 이전의 초기 생명 진화 단계인 'RNA의 세계'[*]에서 RNA가 하는 역할과 비슷한 일을 하기 때문에, 몇몇 과학자들은 이를 근거로 하여 생명의 최초 단계에 대한 흥미로운 가설을 제기하기에 이르렀다.

이제 DNA가 녹아 있는 용액에 DNA의 네 가지 구성 성분인 아데닌, 시토신, 구아닌, 티민을 넣고, 효소 작용을 통하여 그들이 서로 결합하는 데 도움을 주도록 단백질을 집어넣어 보자. 그리고 나서 세심한 주의를 기울이면서 산성도와 염도를 조절한 후, DNA 분자 속에 합성 올리고 핵산 2개를 첨가해 보자. 그 상태에서 용액을 섭씨 100도로 가열한 후, 단백질의 효소 작용이 가장 활발하게 일어나는 섭씨 70도로 낮춰 보자. 물론 단백질은 온도가 높아지면 파괴되기 쉽기 때문에 화산 온천 주변에서 발견한 열을 잘 견디어 내는 박테리아로부터 추출한 것이어야 한다. 잠시 그대로 놓아두었다가 다시 가열하여 섭씨 100도까지 끓이고, 다시 섭씨 70도까지 내리는 과정을 십여 차례 되풀이해 보자. 그리고 이제 시험관의 내용물을 확인하여

● ● ● ●

RNA의 세계 이에 대해서 자세히 알고 싶으면 이 시리즈에 속해 있는 『생명의 기원은 무엇인가?』를 참조하라.

보자. DNA가 수천 개 또는 수백만 개 복제되어 있는 것을 발견할 수 있을 것이다.

도대체 시험관 안에서 무슨 일이 벌어진 것일까?

이중으로 꼬여 있는 DNA의 두 가닥은 열에 약한 결합, 즉 수소 결합*으로 연결되어 있다. 따라서 열을 가하면 연결된 가닥들이 끊어져서 떨어진다. 이렇게 해서 분리된 가닥은 각각 합성 올리고 핵산과 결합할 수 있으며, 단백질의 효소 작용을 통해 새로운 DNA를 만들어 내는 원천으로 이용된다. 그리고 나서 온도를 올렸다 내렸다 하면서, 아주 적은 양의 DNA로부터 다량의 DNA를 만들 수 있기 때문에 유전자 검사에 널리 쓰이는 중합 효소 연쇄 반응(PCR)을 실행한 것이다. 이상에서 보듯이 DNA는 자기 복제 과정에서는, 즉 단백질 효소에 의존하며 게다가 여러 조건들이 맞아야만 일어나는 생화학 작용에서 거의 능동적 역할을 하지 못한다.

그러나 똑같은 DNA를 박테리아나 효모균, 또는 동식물 세포의 내부에 집어넣으면 상황이 완전히 달라진다. 세포는 기계

● ● ● ●

수소 결합 전기 음성도가 강한 원자 사이에 수소 원자가 들어감으로써 생기는 약한 화학 결합.

적으로 DNA에 응답한 후, 이를 RNA에 전사하며, 단백질로 번역한다. 그 결과 숙주가 된 생명체는 바깥에서 들어온 DNA가 암호화하고 있는 단백질을 생산하기 시작한다.

이 과정은 유전자 조작 생물체를 만들 때 나타나는 유전 정보의 전달 원리와 똑같은 과정이다. 세포 바깥에서는 전혀 활동하지 않던 바이러스가 세포 안으로 들어가서 기생 생물처럼 증식할 때에도 똑같은 방법을 이용한다.

언뜻 보면 DNA가 단백질을 부리면서 이러한 과정 전체를 통제하는 것처럼 보인다. 그러나 이는 진실의 한 측면일 뿐이다. 실제로는 바깥에서 들어간 DNA가 자신이 갖고 있는 유전 정보를 이용하여 자기 자신이 숙주 세포의 효소로 쓰이지 않도록 막고 있는 것뿐이다. 그렇지 않다면 숙주 세포의 유전자가 암호화하고 있는 정보에 따라 바깥에서 들어온 DNA를 효소로 사용하여 단백질을 생산하게 될 것이다. 이런 예는 생명 활동에서 얼마든지 볼 수 있다. 이제 DNA와 단백질의 관계가 얼마나 밀접한지, 둘을 따로 떼어놓고 생각하는 것이 얼마나 어리석은지를 잘 알았을 것이다.

DNA가 먼저인가, 환경이 먼저인가?

이번에는 아주 활동이 활발한 생식 세포인 난모 세포[*]에서부터 출발해 보자.

난모 세포는 핵(여기에 DNA가 들어 있다.)과 세포질로 이루어져 있는데, DNA가 들어 있는 핵을 제거하면 빠른 속도로 생산력을 잃어버린다. 핵을 적출해 버린 난모 세포는 정자에 의하여 수정되더라도 DNA의 반쪽이 없기 때문에 배아가 발생하지 않는다.

그런데 핵을 제거한 난모 세포에 성체 세포에서 미리 추출한 핵을 집어넣어 적절한 환경을 조성하여 주면 배아 발생 프로그램이 시작된다. 성체 세포는 이미 완전히 자란 신체에서 추출한 것이기 때문에 모든 유전체를 포함하고 있으며, 이렇게 해서 일단 발생 과정에 들어가게 되면 성체 세포를 제공했던 개체와 거의 똑같은 새로운 개체가 태어나게 된다.

이 과정은 체세포를 이용한 복제 방법을 간략하게 설명한 것이다. 이는 성공률이 아주 높지는 않지만 복제양 돌리가 탄생한 이후 여러 가지 동물을 대상으로 해서 실험에 성공한 바

• • • •

난모 세포 다세포 동물의 난자 형성 과정에서 만들어져 나중에 난자가 되는 세포.

있다. 인간을 복제하려는 목적으로 이러한 실험을 하는 것은 세계 거의 모든 나라에서 금지되고 있다. 그러나 중국과 한국의 과학자들이 그 가능성을 처음으로 보여 준 이후 이 기술을 치료 목적으로 이용하는 데 대해서는 지지자와 반대자 사이에 격렬한 논쟁이 벌어지고 있다.

난모 세포나 성체 세포에서 핵을 제거하는 것은 단지 복제 과정에서만 일어나는 일은 아니다. 이는 포유류에서 적혈구가 만들어질 때에도 자연스럽게 나타난다. 적혈구는 골수의 조혈 모세포에서 만들어지며, 그 안에는 헤모글로빈이라는 단백질이 들어 있다. 적혈구에는 핵이 없지만 그 전신인 망상 적혈구에는 핵이 들어 있다. 적혈구가 성숙하는 과정에서 핵이 사라지고 가운데가 움푹 파이는 것이다.

빈혈이 있거나 산소가 희박한 고산 지대에서 사람들은 적혈

● ● ●

인간 복제 이에 대한 논쟁을 자세히 알고 싶은 사람은 이 시리즈에 속해 있는 『복제는 정말로 비윤리적인가?』를 참조하라.

적혈구에 핵이 없는 이유 포유류의 성숙한 적혈구에 핵이 없는 이유는 알려져 있지 않지만 대체로 다음 두 가지 의견이 있다. 첫째, 적혈구는 다른 세포들과는 달리 분열하지 않고 산소를 운반하는 일만 하기 때문에 핵이 굳이 필요 없다는 의견. 둘째, 핵이 없기 때문에 가운데가 비어 있어서 헤모글로빈이 산소와 더 잘 결합할 수 있다는 의견. 이은희, 『하리하라의 생물학 카페』 참조.

구 수가 줄어들거나 부족하여 호흡 기능을 최적의 상태로 유지하기 어렵다. 이렇게 적혈구 수가 부족하면 에리트로포이에틴(EPO)이라는 호르몬이 작용하여 혈액 속에서 망상 적혈구의 수를 늘려서 적혈구의 생산을 유도한다. 어떤 운동 선수들은 기록을 경신하기 위하여 유전 공학의 대표적인 산물 중 하나인 재조합 에리트로포이에틴을 사용하기도 한다.

이제 핵이 없는 적혈구가 어떻게 되는지 살펴보자. 적혈구는 처음에는 축적된 헤모글로빈을 이용하여 산소를 모아서 신체 구석구석으로 운반하는 역할을 계속해서 수행한다. 그러나 몇 주가 지나 점차 헤모글로빈이 고갈되면 적혈구는 그 기능을 다하고 활력을 잃어버린다. 따라서 골수에 있는 조혈 모세포는 적혈구를 계속해서 재생산해야만 한다. 핵을 적출해 낸 난모세포가 그러하듯이, 적혈구 역시 DNA가 없어서 자신을 복제할 수 없기 때문이다. DNA의 상실은 이처럼 세포의 기능 작용에 돌이킬 수 없는 상실을 불러오지만, 그것을 보충하는 것이 반드시 DNA의 작용일 필요는 없다. 적혈구는 조혈 모세포의 활동을 통해서 계속해서 존재하는 것이다.

여기에 이르면, 앞에서 분자 생물학의 중심설을 이야기할 때 설명했던 것과 달리, DNA는 생명 활동의 모든 것을 통제하는 전능한 존재가 아니라 단백질의 보조 작용을 하는 평범한 분자에 지나지 않을지도 모른다는 결론을 내릴 수 있다. 사실, 유전 정보를 갖고 있는 DNA 없이 단백질 작용만으로 한 생명체가 형질을 후세에 전하는 것은 불가능하다. 그러나 단백질이 없다면 DNA는 이러한 정보를 이용하여 할 수 있는 일이 거의 없다.

멘델은 유전자를 후대에 어떤 생명체의 형질을 전해 주는 근본적인 실체로 정의했다. 이러한 의미의 유전자는 'DNA 또는 단백질'이 아니라 'DNA와 단백질'이라고 할 수 있다. DNA와 단백질은 생명체의 진화 과정에서 수시로 변화하는 환경 요인들과 극도로 복잡한 상호 작용을 하면서도 하나의 세포 안에서 조화롭게 작용하기 때문이다. 사실 온도나 빛, 무기염이나 희유 원소° 등 여러 가지 물리적 매개 변수들은 유전자의 기능에 계속 영향을 미친다. DNA는 변화하는 환경 속에서도 생명체의 기능 및 구조를 기억하여 후대로 내려가더라도 그것을 재사용할 수 있게 해 주는 역할을 한다.

이렇듯 유전자와 단백질이 상호 작용을 하면서 한 생명체의 기능 및 구조를 유전하고 있다면, 새로운 형질이나 새로운 종

• • •

희유 원소 우라늄 등과 같이 자연 상태에서 아주 소량만 존재하는 원소.

은 어떻게 출현할 수 있을까? 본래 그 생물체의 구성 요소가 아니었던 새로운 형질들이 나타나는 것은 생물체의 고유한 특징 중 하나로 꼽을 수 있다. 이러한 새로운 형질의 출현은, 1970년대에 프랑수아 자코브가 주장했듯이, 한 생물체에 내재한, 또는 한 생물체를 둘러싼 다양한 요인들이 끊임없이 교체되면서 서로 결합하는 '가능성 놀이'의 결과이다.

이렇게 볼 때, 이러저러한 단백질의 유전자에 대해 이야기하는 것은 모든 것을 유전자의 작용으로 환원하려는 '환원주의적' 태도의 결과이다. 물론 유전자가 하나의 단백질만을 암호화하고 있는 경우도 있다. 그러나 유전자는 대개 비슷한 구조를 갖고 있지만, 서로 다른 생물 기능을 하는 여러 가지 단백질들을 한꺼번에 암호화하고 있다. 그 반대 역시 마찬가지이다. 앞에서 이미 살펴보았듯이, 단백질이 단 하나의 유전 암호와 대응하는 경우도 있지만, 여러 개의 유전 암호가 동시에 하나의 단백질을 지정하는 경우도 있는 것이다.

비록 한 유전자의 돌연변이가 어떤 질병이 나타나는 데 결정적인 역힐을 한다고 할지라도, 그것이 그 유선사가 갖는 가장 중요한 기능은 아니다. 따라서 어떤 한 질병의 '유전자'를 이야기하는 것은 옳지 않다. 그보다는 그 질병에 함께 관여되어 있는 '유전자들'을 이야기하는 것이 더 바람직할 것이다.

게다가 생물의 기능은 지나칠 정도로 복잡하기 때문에, 대부분의 질병들은 단 하나의 조건에 따라서 나타나는 것이 아니라 다양한 요인들이 상호 작용한 결과로 수많은 유전자가 동시에 작용함으로써 이루어진다고 보아야 한다. 따라서 우리의 행동이나 감정 따위를 결정하는 어떤 유전자를 발견했다는 소식은 완벽하게 헛소문에 지나지 않는다.

이제 언론들이나 싸구려 과학책들이 퍼뜨리는 유전자 환원주의나 환경 결정론에서 벗어나야 할 때가 되었다. 물론 생명 활동에서 DNA가 중요한 역할을 한다는 것을 부인할 필요는 없다. 그러나 생명 활동이란 독립적으로는 어느 하나도 제 역할을 수행할 수 없는 생명체의 여러 가지 구성 요소들과 그를 둘러싸고 있는 환경들 사이에서 이루어지는 역동적인 상호 작용을 결과임을 명심해야 한다. 따라서 어떤 생명체의 형질 중에서 어떤 것이 선천적인 부분이고, 어떤 것이 후천적인 부분인가를 물어보는 것은 어리석은 일이다. DNA와 단백질이 그러하듯이, DNA와 환경은 둘 다 생명 활동에 본질적이다.

분자 생물학의 중심설은 무엇이 문제인가?

최근 생물학 연구 과정에서 발견된 여러 가지 현상들 때문에 분자 생물학의 중심설이 근본적으로 재검토되기에 이르렀다.

우선 어떤 바이러스는 유전자가 DNA가 아니라 RNA로 구성되어 있다는 것이 발견되었다. 이는 어떤 생명체의 유전자를 이루는 핵산이 반드시 DNA가 아니라 RNA로 발현될 수도 있음을 보여 준다. 이런 바이러스의 경우 일반 세포에서 유전 정보가 전달되는 방식과는 달리 역전사가 일어나서 RNA가 DNA의 생성을 위한 모체로 사용된다. 이것이 앞에서 RNA를 가지고 cDNA를 얻기 위하여 사용하였던 과정이다. 이렇게 RNA로 구성되어 역전사를 통하여 유전 정보가 전달되는 바이러스를 '레트로바이러스'라고 부르며, 거기에 속한 대표적인 바이러스로는 에이즈를 일으키는 HIV와 백혈병을 일으키는 백혈병 바이러스 등이 있다. 역전사 과정의 발견은 유전 정보가 DNA에서 RNA로만 전달된다는 분자 생물학의 중심설을 근본부터 재검토하도록 만들었다.

한편, RNA에는 전사된 DNA의 염기 서열에서는 발견할 수 없는 몇몇 염기쌍들이 포함되어 있다는 사실도 발견되었다. 이러한 현상은 RNA가 DNA의 유전 정보를 선사한 후에 세포의 효소가 영향을 미쳐서 RNA를 변형하기 때문에 나타난다. 이는 유전 정보의 전사 과정에서 거의 대부분 나타나는 본질적인 현상으로서 'RNA 편집'이라고 불린다. RNA 편집이 존재한다는 것은 유전 정보 한 부분이 유전자의 DNA에 있는 것이 아니라 그 유전자가 속해 있는 세포의 전후 맥락에 달려 있음을 보여 준다. 이는 유전자 지도를 제작하려면 반드시 파악해야만 하는 유전자의 다양한 전사 과정을 추적하는 데 대단히 복잡한 단계를 덧붙이고 있다.

마지막으로, 바이러스와 똑같이 복제, 증식하지만 핵산이 존재하지 않으며 단백질로만 구성된 **프리온**이라는 병원체가 발견되었다. 프리온은 광우병과 같은 병의 원인 물질이며, 프리온의 전염성은 단백질 자체의 돌연변이, 또는 알 수 없는 외적 요인 때문에 단백질 구조가 변형되어 나타난 것이다. 어쨌든 프리온은 핵산을 매개로 하지 않고, 곧바로 다른 단백질 분자에 자신의 변형체를 전달한다. 이처럼 한 단백질 분자에서

● ● ●

프리온(prion)   광우병(狂牛病)을 유발하는 인자로 단백질을 뜻하는 프로테인(Protein)과 바이러스를 뜻하는 비리온(Virion)의 합성어이며, 1982년에 미국의 생물학자 프루시너가 붙인 이름이다. 말 그대로 바이러스처럼 전염력을 가진 단백질이라는 뜻이다. 프리온은 박테리아나 바이러스, 곰팡이, 기생충 등과는 전혀 다른 종류의 질병 감염 인자로, 바이러스보다 훨씬 작으며 동물에 감염되면 뇌에 스펀지처럼 구멍이 뚫려 신경 세포가 죽음으로써 뇌 기능을 잃게 만들며, 알츠하이머병에도 영향을 미치는 것으로 알려져 있다. 프리온의 존재를 밝혀낸 공로로 프루시너는 1997년에 노벨 생리 의학상을 수상하였다.

다른 단백질 분자로 직접 유전 정보가 전달될 수 있기 때문에 분자 생물학의 중심설은 이제 거의 유효성을 상실했다고 볼 수도 있다.

유전학은 앞으로 어떻게 될 것인가?

앞에서 밝혔듯이, 인간 유전자 지도가 제작된 이후, 전사체와 단백체에 대한 연구가 본격적으로 시작되었다. 그리고 이들 연구가 진전됨에 따라 우리는, 특히 수많은 DNA 분자들과 단백질들의 위치가 표현되어 있는 미니어처의 도움을 받아, 세포나 기관 또는 유기체의 상태를 보여 주는 좋은 사진들을 많이 얻을 수 있게 되었다.

최근에는 핵산이나 단백질뿐만 아니라 유전 정보를 들어 있지 않은 탄수화물과 지방의 작용을 포함하는 전체 신진 대사 작용을 이해할 목적으로 고분자 물질들과 상호 작용 하는 대사물질 전체를 가리키는 대사체가 수복받고 있다. 이처럼 단계별로 모은 여러 가지 유형의 정보를 통합해 가다 보면, 결국 마지막으로 어떤 기관이나 생물체의 생리적 기능과 병리적인 기능 전체를 가리키는 **생리체**를 이해할 수 있게 될 것이다.

따라서 유전 과정에서 유전자의 절대적 역할(이는 분자 생물학의 중심설 중에서도 제1원리로 꼽히는 것이었다.)은 갈수록 부인되고 있다. 그 대신에 생명체 내의 여러 요소들이 보이는 다양한 상호 작용과 같은 것이 점점 더 중요해지고 있다.

　분자 생물학의 토대가 되는 엄격한 분석적 환원주의는 생명체의 구성 요소들을 매우 세부적으로 기술할 수 있게 해 주었다. 하지만 그러한 관점만으로는 그러한 요소들이 보여 주는 정상적 또는 병리적 기능을 모두 헤아릴 수 없다. 게다가 생명체의 구성 요소들이 돌연변이나 환경 변화에 어떤 반응을 보일지 모두 예측할 만큼 현재의 연구 성과는 충분하지 않다. 따라서 그러한 반응이 질병으로 나타날 때, 우리는 아주 쉽게 한계에 부딪힌다.

　가장 빈번히 일어나는 것이 변화이다. 그리고 생물 정보의 대부분은 바로 이 변화를 들여다보는 과정에서 획득된다. 연구를 진전시키기 위해서는 무엇보다 먼저 변화의 폭이 아주 작을 때 한 생명체 내에서 상호 작용을 하는 수많은 요소들이 어떻게 바뀌어 가는가를 가능한 한 많이 파악하고 그 변화 전체를 수치화하여 정확하게 측정할 수 있는 능력을 갖추어야 한다. 그리고 나서 그것을 기반으로 하여 분자에서 세포와 유기체를 거쳐 생태계 전체에 이르는 생명 세계 전체의 복잡성과 상호 관계를 이해하는 데 적합한 개념적 틀과 수학적 도구를 개발해야 한다. 이는 '시스템 생물학'이 하는 일이다.

'시스템 생물학'을 발전시키려면 분자 생물학과 유전학을 정보 이론,˚ 시스템 이론,˚ 복잡계 이론˚ 등과 통합해야 한다. 한편으로 이러한 시도는 정보 공학과 통신 공학을 기반으로 발달해 온 정보 통신 기술과 이론에 의지하여 생명 정보의 성격과 전달 방법을 명확하게 하는 것이다. 다른 한편으로 이러한 시도는, 항공 공학, 천문학, 기상학에서 행하는 복잡계에 관한 통합적 연구 방법의 도움을 받아, 생명계의 유기체들이 보여

● ● ● ●

정보 이론 미국의 수학자인 노버트 위너가 주창하고 '디지털의 아버지'라 불리는 클라우드 섀넌이 체계화한 이론으로, 정보 통신 및 전기 제어 시스템 등에서 송수신되는 대상인 정보를 수학적으로 연구하는 학문. 처음에는 기계와 기계 사이의 정보 교환에만 한정되어 적용되었으나 점차 확장되어 모든 커뮤니케이션 과정에 적용되었다.

시스템 이론 부분들 사이의 상호 의존 관계를 통찰하여 전체를 파악하려고 하는 이론. 20세기 중반 여러 학문 분야에서 부분 부분에 대한 개별적인 연구만으로는 결코 전체를 파악할 수 없다는 인식에 이르자 이를 이론적으로 돌파하기 위하여 탄생하였다. 생물학, 공학, 경영학 등에서 이용되고 있다.

복잡계 이론 자연, 사회, 경제 등과 같이 수많은 개체들로 이루어진 복잡한 조직에서는 그 조직을 이루고 있는 개체들의 행위가 합쳐지면서 전혀 예측할 수 없는 새로운 결과를 빚어낸다. 이처럼 복잡계에서는 부분에서 찾아볼 수 없는 속성이 전체에서 나타나는데, 이를 창발 현상이라고 한다. 간단히 말해 복잡계 이론은 이러한 창발 현상을 연구하는 학문을 말한다.

주는 복잡다단한 행위를 지배하는 단순한 규칙들이나 그와 반대로 단순한 행위들을 지배하는 복잡한 규칙들을 파악하려는 것이기도 하다. 그러므로 시스템 생물학을 발전시키려면 필연적으로 물리학, 화학, 수학, 정보 과학 같은 다양한 학문에서 나온 폭넓은 연구 성과들을 받아들여야 한다.

또 동서양의 과학과 의학에 축적되어 있는 개념과 방법, 그리고 그 산물들을 활발하게 탐구해야 한다. 이 일은 매우 중요하다. 이는 약 4세기 전부터 서양 과학의 발달을 이끌어 온 데카르트˚의 환원주의˚가 이루어 낸 빛나는 성공을 포기하지 않으면서도 수천 년의 전통을 갖고 있는 동양 문화에 담긴 지혜를 탐험함으로써, 살아 있는 세계에 대한 총체적 접근을 가능하게 해 주기 때문이다.

• • • •

데카르트(1596~1650) 프랑스의 철학자이자 수학자로 근대 철학의 아버지라고 불린다. '경험론'을 비판하였고, 진리를 탐구하는 방법으로 철저한 의심을 통한 '방법적 회의'를 주장했다.
환원주의 복잡한 명제나 사상 등을 단순하게 바꿔서 설명하려는 주의.

더 읽어 볼 책들

- 김창환, 『유전자와 정신 세계』(일조각, 2001).

- 김훈기, 『유전자가 세상을 바꾼다』(궁리, 2001).

- 박은미, 『유전자에서 게놈으로』(자연사랑, 2003).

- 매트 리들리, 하영미 옮김, 『23장에 담긴 인간의 자서전 게놈』(김영사, 2002).

- 브렌다 매독스, 나도선, 진우기 옮김, 『로잘린드 프랭클린과 DNA』(양문, 2004).

- 사카키 요시유키, 박은미 외 옮김, 『인간 게놈』(라이프사이언스, 2004).

- 에드워드 에델슨, 최돈찬 옮김, 『유전학의 탄생과 멘델』(바다출판사, 2002).

- 울프 라거비스트, 한국유전학회 옮김, 『DNA 연구의 선구자들』(전파과학사, 2000).

- 제레미 나비, 김지현 옮김, 『우주뱀=DNA』(들녘, 2002).

- 제임스 왓슨, 이한음 옮김, 『DNA: 생명의 비밀』(까치글방, 2003).

- 쿠로타미 이케미, 최동헌 옮김, 『교과서보다 쉬운 세포 이야기』(푸른숲, 2004).

논술·구술 시험은 논리적이고 종합적인 사고를 요구한다. 다음에 제시된 문제는 이 책의 주제와 연관이 있는 논술·구술 기출 문제이다. 이 책을 통하여 습득한 과학적 지식과 원리, 입체적이고 논리적인 접근 방식을 활용하여 스스로 문제에 답해 보자.

▶ 유전자 변형 식품이란 무엇이며, 이들 식품이 인체에 미치는 해악에 대해 설명하시오.

▶ '멘델의 법칙'의 의의에 대해 설명하시오.

▶ 사람 염색체의 염기 서열을 완전히 해독해 본 결과 사람이 가지고 있는 유전자의 수는 30,000개를 조금 넘는 것으로 보인다. 이는 처음 예상했던 100,000개에 비해 매우 적은 수로서 다른 동물이 가진 유전자의 수와 크게 차이가 나지 않을 것으로 생각한다. 만일에 유전자의 수가 크게 다르지 않다면 어떻게 사람과 다른 동물이 차이가 날 수 있는지 말해 보시오.

▶ DNA란 무엇이고, DNA가 몸에서 하는 역할에 대해 설명하시오.

▶ 염색체와 유전자의 차이는 무엇이고 어느 것이 더 큰 범위에 속하는가?

옮긴이 | 김희경

성심여대(현 가톨릭대학교) 불문학과를 졸업했으며, 프랑스 피카르디 대학에서 박사 과정을 수료했다. 현재 전문 번역가로 활동 중이다.

민음 바칼로레아 15

유전자란 무엇인가?

2판 1쇄 펴냄 2021년 3월 30일
2판 5쇄 펴냄 2024년 8월 8일

1판 1쇄 펴냄 2006년 2월 13일
1판 4쇄 펴냄 2013년 9월 19일

지은이 | 샤를 오프레
감수자 | 홍영남
옮긴이 | 김희경
발행인 | 박근섭
펴낸곳 | ㈜민음인

출판등록 | 2009. 10. 8 (제2009-000273호)
주소 | 06027 서울 강남구 도산대로 1길 62 강남출판문화센터 5층
전화 | 영업부 515-2000 편집부 3446-8774 팩시밀리 515-2007
홈페이지 | minumin.minumsa.com

도서 파본 등의 이유로 반송이 필요할 경우에는 구매처에서 교환하시고
출판사 교환이 필요할 경우에는 아래 주소로 반송 사유를 적어 도서와 함께 보내주세요.
06027 서울 강남구 도산대로 1길 62 강남출판문화센터 6층 민음인 마케팅부